Les mots chantent

Iris Dubois

Les mots chantent

Recueil

LE LYS BLEU
ÉDITIONS

ISBN : 979-10-422-1933-8

À Marie, Maëlle, Maxime, mes piliers ; merci pour votre soutien, votre patience et vos conseils artistiques

À Valérie, pour son aide, son écoute et… nos rires
À Marithé, pour l'écoute et la relecture bienveillante

À nos papillons secrets qui nous mènent à composer avec le fil de la vie…

Ce qui n'est pas utile à l'essaim n'est pas utile à l'abeille non plus.

Marc Aurèle (121-180)

À l'abri du vent

À l'abri du vent
Je ressens la chaleur de ton âme
L'ardeur de ton charme
Tout est apaisé, étouffé
Me voilà emmitouflée
Dans tes bras, apaisée

À l'abri du vent
Ton regard brillant
Ton esprit virevoltant
Feront de toi un diamant
Pas une fable
Ni une mascarade

À l'abri du vent
Soleil breton
Promesse d'un cocon
Sans tension ni altercation
Rêver ensemble, rêver maintenant
Rêver futile, rêver facile

À l'abri du vent
Quelques passants discutant
Passeront dans ce cadre apaisant
Arrêter le temps, se poser à présent
Loin des appétits commerciaux
Des idéaux faux
Ne plus galoper à l'infini
Derrière nos vies

À l'abri du vent
Tout est géant
Les sentiments les plus charmants
Tout est argent au soleil levant
Mer à l'étal, je garde mon calme
Le son des drisses s'est tu
Instant propice et attendu

Ambiance urbaine

Quels sont ces bruits qui crépitent ?
Ces sons incessants
D'une ville s'affairant
Dépasser les décibels
En mode rebelle
Moteurs vrombissants
Penser un instant
Que tu as la plus belle...
Des cylindrées
Un avion désarmé
Chasse le mur du son
Menace nos cocons
Un boucan infernal, vibrant
Loin du bruissement d'un effeuillement

Amitiés

Amitiés toujours activées
En cas de coups durs et de blessures
Pour les bons moments
Comme les accidents
Ils sont fidèles, de bons conseils
Répondent présent à chaque instant

Après-midi ensoleillé

Après-midi ensoleillé
Accompagne mes pensées
Le murmure de la rivière
Vient caresser mes belles idées

Après-midi ensoleillé
Pour chanter le futur
Oublier ses blessures
Et caresser l'idée d'unité

Après-midi ensoleillé
Pour danser loin des tourments
Trouver l'apaisement
Dévoiler ses sentiments

Après-midi ensoleillé
Accompagne mes pensées
Réduire l'allure, adapter la mesure
Et vibrer enlacés

Après-midi ensoleillé
Retrouver ces sentiments précieux
De mon moi victorieux
Sans amitié, apprécier ma moitié

Après-midi ensoleillé
Libérer sans contrainte
Ni astreinte
Ces élans soyeux

Après-midi ensoleillé
Hors du temps
Comme avant
Une fête sans paillettes

Après-midi ensoleillé
Viens nous réchauffer
Après-midi ensoleillé
Aimer à tout jamais

Arbres à perles

Arbres à perles
Voient nos peines
Qui s'amoncellent
Perçoivent nos joies
Au fond du bois
Rivière de perles
Telle une ombrelle
Sur nos âmes fait le toit

Arbres à perles
Sont les persiennes
De nos cœurs
Pluies de pétales
Lumière pâle
Nos sens en éveil
Tout émerveille
Éloigne nos peines

Arbres à perles
Ramènent la douceur
Dans nos jardins intérieurs
La fraîcheur au fond du cœur
Savourons ces merveilles
Brillant au soleil
Scintillant aux éclats
Et ravive la joie

Arbres à perles
Fini la gangrène
La gêne, la haine
Place à l'aubaine
De se connaître
Allons de l'avant
Sans paravent
Ni faux-semblants

Arbres à perles
À palabres africaines
Rappellent
Les imprenables citadelles
De nos pensées
Les plus incertaines
Suspendues
Comme des fruits défendus

Arbres à perles
Arbres à graines

Arc et flèches

Tendue comme un arc
Prête à lancer des flèches
Je n'accepte aucune remarque
Ou quelque chose qui pèche
Soumise au stress
Qui nous harangue
Sans mollesse
Nous faits tirer la langue

Tendue comme un arc
Prête à lancer des flèches
Pas de faiblesse
Dans cette société
Qui nous blesse, nous oppresse
Tout agresse
Et étrangle
Tout blesse
Et exsangue

Tendue comme un arc
Prête à lancer des flèches
Tournée vers le dark
Sirènes en alerte
Pensées surmenées
Conflits tapis
Prêts à s'avancer, à s'annoncer
Seul l'amour
Oblige à les éviter

Tendue comme un arc
Prête à lancer des flèches
Longer ce parc
Pour trouver la brèche
De ces barricades insurmontées
Retrouver la flamme
De nos plus belles années

Au revoir

Il est trop tard
Pour sourire à la vie et dire merci
Je suis en retard
Sur les joies de la vie
Pas de bobards
Prenons la fuite, un pseudonyme
Pour se rendre anonyme

Au revoir sur le quai d'une gare
Destination nulle part
On largue les amarres
Quand on en a marre

Vivre à l'abri
Et à l'envie
Prendre le temps
Loin de l'argent
Près de l'essentiel
Le bleu du ciel
Le calme après les tourments
À l'abri des vents

Au revoir sur le quai d'une gare
Destination nulle part
On largue les amarres
Quand on en a marre

Ce nouveau bateau
Un optimiste
Rendra la vie moins triste
Loin des paquebots
Du quotidien
Qui nous éreinte
Au fil du chemin

Au revoir sur le quai d'une gare
Destination nulle part
On largue les amarres
Quand on en a marre

Tiens bon la barre
Avec espoir
File droit devant
Au souffle du vent
Poursuit pianissimo
Jeune matelot
En oubliant ton ego

Au revoir sur le quai d'une gare
Destination nulle part
On largue les amarres
Quand on en a marre

Retrouver l'allant de mes vingt ans
Oublier le présent
Et les absents
Les servitudes, les certitudes
Les ignorants, les pédants
Quoi de plus malaisant
Que ces gens malveillants

Au revoir sur le quai d'une gare
Destination nulle part
On largue les amarres
Quand on en a marre

Direction Stockholm ou Barcelone
Ça fonctionne
Je démissionne
Je me passionne, me questionne, me cramponne
À ces nouveautés
Que j'affectionnent
Ces découvertes polissonnes

Au revoir sur le quai d’une gare
Destination nulle part
On largue les amarres
Quand on en a marre

Comme une enfant, nez collé à la vitre
Départ vers un nouveau chapitre
Tant de découvertes
À imaginer, à dévorer
Ces émerveillements
Si détendants
En fin de voyage c’est l’apaisement.

Bal de fin d'année

Émotions, embrassades, larmes, émois
Quatre années sous le même toit
Se séparer, ne plus se voir
Montrer son vrai visage, fendre l'armure
Sans rôle à jouer
Laisser tomber le masque
Le clown de la classe
Le perturbateur récurrent
Montrer ses sentiments
Lever le voile
Remercier pour ces belles années
À vivre en liberté
Encore protégé par l'insouciance
De ses jeunes années
Avec l'excuse de l'adolescence
À peine entamée.

Bourdon

Une larme roule
J'ai le bourdon
De ton abandon
Sur le quai de la gare
Tu pars
Vers d'autres horizons
Sans regard
Vers des illusions

Ce matin dans le jardin

Ce matin dans le jardin
Deux coccinelles se sont posées
Sur les feuilles du noisetier
Réchauffées au petit matin,
Cherchant leur chemin

Ce matin dans le jardin
Elles ont croisé Merlin
Enchanteur et rieur
Il les a prises par la main
Pour découvrir cet écrin

Ce matin dans le jardin
Chaque visite est une fête
L'infini est ici
Nous embellit
Ces découvertes calment nos tempêtes

Ce matin dans le jardin
Le calme surprend
La fraîcheur dynamise
La douceur électrise
Chants et odeurs sont apaisants

Ce matin dans le jardin
Les chats se promènent un brin malin
Pour découvrir de nouveaux chemins
Le terrain est quadrillé
Chaque mètre inspecté

Ce matin dans le jardin
Rêvons futile
Attaquer une journée tranquille
Loin des soucis, loin des tuiles
Voyager loin, immobile

Chiens des villes

Chiens à Paris
Triste vie
Sans collier tu vis
Sans liberté aussi
Fidèle et éduqué
Tu attends aux pieds
Tes mouvements sont contrôlés
Sur le béton toujours chauffé

Dans les bras de ton maître
À l'affût, tu regardes
Comme d'une fenêtre
Rêvant du jour où tu pourras peut-être
Galoper dans les grands espaces
Et flairer, t'enivrer

Le brouhaha ne remplit pas de joie
Les chants d'oiseaux sont loin de toi
Les pavés à ras le nez
Mais ta loyauté
Te soumet
Ton attachement si élégant
Parfois malmené
Par des patrons surmenés

Une vie artificialisée
Si éloignée de ton essence
De ta naissance
Tant de puissance
Pourtant donnée par cette fidélité à tout
jamais

Chœurs

Chœurs d'adolescents
Comme un volcan
Une effusion,
Une profusion d'élans, de mouvements
Si tendres, si lents
Des canons à frissonner
Des charges à faire chavirer
Toute une armée

Chœurs d'adolescents
Applaudir
Avec fureur, ardeur
Soutenir l'effort intense
Le plaisir immense
Ainsi suscité

Chœurs d'adolescents
Si turbulents
Si attachants
Nous surprennent
De tant d'aimants
Attisent nos cœurs
Notre attention
Génèrent des frissons

Confiance

Confiance, ton absence dans l'enfance
Fragilise nos existences
Nous vivons dans la défiance
Vivons à côté
Sans rien partager
Confiance, alliance, persévérance
Bienveillance, prévoyance
Sont-ils à jamais perdus ?
Passez votre chemin, ils n'existent plus
Concurrence, croyance, bien-pensance,
Surveillance, puissance, violence,
résistance
Où vont nos existences ?

Corne d'abondance

Beautés à profusion
Émotions en effusion
Nature à préserver
Si généreuse d'humanité

Corne d'abondance
Parfois en dormance
Toujours en omniprésence
Du béton aux lagons
Tu t'immisces dans tous les espaces, à foison

Corne d'abondance
Es-tu en partance ?
Tu souffres de nos aberrances
Et nous alerte
De marées vertes

Corne d'abondance
Seras-tu en transhumance
Ou en survivance ?
Profitons à vive allure
De notre cocon de verdure

Corne d'abondance
Regorge de splendeurs
Retrouvons la vigueur
De préserver
Cette nature si généreuse d'humanité

Création

Un sujet apparaît
Met en route mon cogito
Les premiers mots naissent
Posés sur le papier, prêts à vibrer
L'émotion nourrit l'inspiration
Le cogito s'emballe
Les mains s'activent

Ces moments puissants
Accouchent de mots
De rimes subtiles et à propos

La fatigue naissant
Les écrits diminuant
Une pause s'impose

Mis à distance
La relecture me relance
Ce tourbillon m'emballe
Frénésie verbale

L'écriture me porte
Me soutient, me réconforte
M'étreint, m'éreinte
Joie diffuse
Excitation acquise
Je suis vidée, j'ai tout donné

La mise en musique s'applique
Mon conscient abdique
Fixer le tempo, accorder les mots
Respecter le chrono
Soigner la justesse et la vitesse
Le crescendo, le moderato
Les solos, les duos se font échos

Répéter jusqu'à l'écœurement
Pour un résultat réjouissant,
Epoustouflant
Répéter, sans cesse, recommencer
S'épuiser
Délivrer cette chanson
De son verbal cocon

Cette chanson est née
D'un germe passionné
Elle grandit désormais
Prête à s'envoler

Lever le voile sur ses sentiments
Se mettre à nu, offrir ces moments
Laisser voguer
Ces instants volés

Et faire jaillir un diamant
Comme un enfant
Que l'on attend

Crier tout bas

Crier tout bas
Ce que mon cœur
Murmure si fort

Se rendre là
Où nos douceurs
Seront des trésors

Regarder l'éclat
Du bonheur
De nos rires étoilés

Cristal

À Jean-Max Frezignac
et Rafael Lino Markov

La tendresse du geste
Comme une caresse
Fait briller
La note

La caresse
Comme une plume
Effleure
Les cordes

Les arpèges
Douceurs nacrées
Se suivent,
S'envolent

Une note
Cristalline
L'instant illumine
Sublime

Le cristal de Baccarat,
Aux généreux éclats
Scintille
Égrène ses notes
De mon cœur ouvre les portes

Dialect'In

Dialect'In tu nous assassines

Bienveillance, résilience
Sororité, bien-pensance
Tous ces termes galvaudés
Des mots tiroirs pour faire croire
À l'importance de son propos

Dialect'In tu nous assassines

Acronymes obligatoires
Sans ce vocable point de salut
Nous sommes, je suis, tu es exclu
Tel un sans papier
Pas le passeport, pas le ticket d'or

Dialect'In tu nous assassines

Occuper la place, envahir l'espace
Gonfler son ego
Toujours viser plus haut

Dialect'In tu nous assassines

À tous ceux qui se cachent derrière le
vocabulaire
Ces expressions attrapées, répétées
gargarisées
Dans l'espoir de paraître plus intelligent
De paraître dans le vent

Agissez maintenant

Douceur et mélancolie

À Sofiane Pamart

Tant de douceurs
Sortent du cœur
Cette mélancolie nous unit
Un peu de folie dans cette douce mélodie
Un peu de cristal
En suspension totale
Cette symphonie me rajeunit
Tu joues à l'infini
Comme si tout était permis
Tes mains frôlent le clavier
Une musique ensorcelée
Produit du cœur, de ta douceur
Un peu de tes douleurs
Un pansement sur des blessures
À toute allure
Faire vibrer les splendeurs

Les villes défilent…

Cette mélodie subtile
En boucle qui défile
Une note suspendue comme une étoile scintille
Un éclat surgit
Ce cocon musical me réconforte
Une note me transporte
Au fond de ton pays

Merci pour ce charme
Qui s'envole, virevolte
Berce mes drames
Scintillent les notes
Comme une larme
Tirent l'alarme
De nos cœurs
En profondeur
Un peu de noirceur à rassurer, à illuminer

Ces notes comme un ruban
Défilent souplement
Dénoncent nos tourments
Glissent sur le contour de tes peines, de tes dilemmes
Pas de rancœur, ni amertume
Sur ta douleur comme une plume

En apnée

Sentiments en apnée
Un peu désœuvrée
Enamourée
D'un inconnu bienvenu

Sentiments en apnée
Tourner autour
Sans savoir qu'en faire
Et attendre la lumière

Sentiments en apnée
Savourer l'éphémère
Ajuster ses critères
Pour éviter la misère
D'un cœur désarmé
D'une relation compliquée

Épicure

Épicure, tu réduis la voilure
Des piqûres d'optimisme
En ce monde en rupture
Qui tombe dans le voyeurisme

Faites des mères

Journée particulière
Un peu de bonheur
Les enfants réunis
Pas une fête de trop

Mais faites des mères

Tous ces instants du quotidien
Qui sont si bien
Font sens, nous construisent
Nous éduquent, nous élèvent

Faites des mères

À nos ados qui testent trop
Nous rendent dingo
Mais on les aime trop
Ils nous construisent, nous dynamisent,
nous vampirisent

Faites des mères

À ces moments
Où l'on comprend
À demi-mot
Ils nous charment
Pas de drame
Rires aux éclats
Quelques tracas

Faites des mères

Faites des enfants, des ados, des marmots
Ils nous rendent plus grands
Plus exigeants
Sont structurants

Faites des mères
Faites la paix

Fête des pairs

Fête des pairs
Ils nous conseillent
Et veillent
Sur tout, sur nous
On les écoute
Sans aucun doute

Fête des pairs
Ils partagent leurs expériences
Loin de la défiance
Sont des repères
Éloignent les galères

Fête des pairs
Sur nos parcours
Sans détour
Avec attention
Et compassion

Fête des pairs
Pour gens en galère
Soyons clairs
Ils sont nécessaires

Fête des pairs
Remercier sans compter
Pour ces conseils
Ce temps passé à nous aider, nous épauler

Fraîcheur

Besoin de fraîcheur
Au plus près du cœur
Loin des noirceurs et des douleurs
Jaillira le bonheur

Fuir

Fuir, mettre hors d'état de nuire
Trouver refuge, sans transfuge
Briser la glace, le carcan
En s'éloignant
Trouver l'audace, de tout plaquer
Et retrouver la sérénité

Fuir, mettre hors d'état de nuire
L'agressivité renouvelée
De tous ces gens décadents
Trouver l'apaisement dans l'isolement

Fuir, mettre hors d'état de nuire
Retrouver ces gens hors du temps
Toujours bienveillants
À l'abri des vents

Fuir, mettre hors d'état de nuire
Rejoindre un nouveau monde sans courir
Avec élan et engagement
Sans compétition mais admiration

Graine magicienne

Une graine magicienne
A germé tout l'été
S'est donnée la peine
De se développer
Toute l'année

Cette graine incertaine
A poussé dans nos veines
Franchit nos jardins intérieurs
Fleurit nos heures
Parfume nos ardeurs

Une graine, au hasard
Voit son destin
Modifiée par tant de soin

Une graine magicienne
M'a éblouie, ce matin
Dans ce jardin
A percé mon cœur
De bonheur

Je la fais mienne
Autant que je me souvienne
Elle a grandi
Dans cette terre de Sienne
Se promène
Dans cette maison, du sol au balcon

Cette graine magicienne
Verra grandir notre cocon

Grillons

Grillons à l'unisson
Parmi les champs de blé
Tout desséchés

Grillons en symphonie
C'est le chant de l'été
Crions nos joies réunies

Grillons peupleront
Nos jardins, soir et matin

Influenceurs

Influenceurs
Sponsorisent à tout va
Des produits, des combats
Tu ne sais pas
Où cela nous conduira

Influenceurs
Génèrent de la douleur
Chirurgies ratées
Porte-monnaie vidés

Jardin d'artiste

Dans cette maison
De bonnes ondes
M'ont attrapées
Jardin adopté

Foisonnant, bienveillant
Lieu d'inspiration
Créations à profusion
Tant de scènes à observer

Jardin ombragé
Lieu de toutes les pensées
Jardin ensoleillé
Pour bronzer et composer

Peintres, musiciens, écrivains
Ont tous choisi un lieu de vie
Verdoyant, ressourçant
Jardin secret, jardin privé
Jardin public, jardin unique

À l'image de son créateur
Jardin anglais, jardin français
Au cordeau ou méli-mélo
Jardin pour créer, pour poétiser
Voit mille fleurs s'avancer
Et quelques ronces se glisser

Entre le jardin et le cœur
Un court chemin

Jardin et muse ne font qu'un

La ride

Au fil de l'eau
Elle circule
Tel un ruisseau

La ride ondule, la ride circule

Et répand sa douceur subtile
Au gré du vent effleure l'étang

La ride ondule, la ride sillonne

Harponne les regards
À l'automne de ma vie
Il est tard

La ride ondule, la ride circule

Au gré du temps
De nos nuits agitées
De nos journées bousculées

La ride ondule, la ride circule

Sur les rives de mes yeux
Sillons tracés marquent à jamais
Le temps passé
Les épreuves endurées
Les espoirs déçus
Les victoires inattendues.

La ride ondule, la ride circule

À fleur de peau
Suivant sa route
À la surface de mon ego
Sans nul doute

La ride ondule, la ride circule

Au fil de l'eau, ride devient ridule
S'étire, s'étiole
Sur ma peau, au fil des années
Ride devient creusée

La ride ondule, la ride circule

Laisse parler ton cœur

Laisse parler ton cœur
Comme une fleur
Prête à éclore de bonheur
Laisse échapper ces splendeurs
Et dire ces douceurs
À ton âme sœur

Le bal des hypocrites

À Valérie Decante-Lopez

Le bal des hypocrites
La valse des dynamites

Le tango des egos
Nous rend marteau

Nous perdons la boussole
Ce paso qui s'envole

Dans nos écoles
Plus de repères

Dans cette galère
Les langues de vipères coopèrent

Mon cœur pleure
De tant d'ardeur

À cultiver
Tant de rancœurs

La colère est une guerrière
Quelle misère, cette galère

L'art d'avoir toujours raison
Comme une prison
Cédant aux démons
De l'ambition

Et si tu psychoses
De cette métamorphose
Un matin sera éclos
Non pas une sinistrose
Mais un Fest-noz

Ne lit pas les gloses
Elles sont narcoses
Voit la vie en rose, soit moins morose
Abandonne ta névrose

OSE

Le carnet

Carnet rempli d'émotions
De vibrations

Comme un boulet
Enchaînée à ce carnet

Écrire au feu rouge
Plus rien ne bouge

Le chat qui prise

Le chat qui prise
Il y a méprise
Le chien qui fume
Avis de brume

Sont nos repères
Loin des guerres
Pour des projets
Toujours guillerets

Le chat qui prise
Il y a méprise
Le chien qui fume
Avis de brume

Refaire le monde
À chaque seconde
Qu'il soit plus beau
Un peu nouveau

Le chat qui prise
Il y a méprise
Le chien qui fume
Avis de brume

Adoucir le quotidien
Parfois incertain
Rêver d'un lendemain
Qui nous va bien

Le chat qui prise
Il y a méprise
Le chien qui fume
Avis de brume

Telle une marquise
Un peu exquise
À ta guise
Soyons joyeux, soyons heureux

Le chat qui prise
Il y a méprise
Le chien qui fume
Avis de brume

Ces parenthèses
Autour d'un café
Sont les remparts
Contre notre société

Le réveil

Au réveil
Tout émerveille

Chant d'oiseaux
Silence radio
Tout est beau
Devant l'éveil
De la vie

Au réveil
Tout émerveille

Loin des soucis
On rêve à l'envie
De zénitude
Sans inquiétude

Au réveil
Tout émerveille

On se projette
Une journée-fête
Le cœur se vide
D'idées sordides

Au réveil
Tout émerveille

La banquise
Sera exquise
Le désert, pré vert
Tout sera découverte et conquête

Au réveil
Tout émerveille

L’ennui

L’ennui
D’une vie rétrécie, racornie
Sans stimuli
Une vie qui se réduit
Petit à petit
Au fil du temps
Élégamment
C’est le fruit
De nos derniers printemps

L’ennui
M’a conquis
Gagne son pari
Sordide litanie
Fait taire l’envie
Et réduit l’infini

L'ennui
Mettons-nous à l'abri
Des bruits
Des conflits
Sauvons-nous déjà
Sauvons-nous maintenant
De nos ennemis

L'ennui
Course à l'envie
Course aux mélodies
Chassons le gris
Laissons parler les couleurs
Au plus profond du cœur
Pour une vie épanouie

L'ennui
Oublier les noirceurs
Adieu la nuit
Bonjour le bonheur
Jusqu'à la fin de nos vies
Faisons taire les rancœurs

L'ennui
Me sourit
Bienvenue à la vie
Ses derniers printemps
Cheveux dans le vent
Regards droit devant

Les Batignolles

Batifolons aux Batignolles
Promenades un peu folles
Du cérébral au guignol
Mon imaginaire décolle
Du voyageur au local
Batifolons aux Batignolles

Mon esprit s'envole
Comme un aérosol
Pas besoin d'alcool
J'ai déjà perdu ma boussole
Oubliés les protocoles et le ras-le-bol

Pas de girolles ni tournesol
Mais des bricoles
À glaner : portraits au vitriol
Couchés sur mes bristols
Défilé comme une farandole
Dans une auberge espagnole

Les rubans

Ils s'enlacent, s'emmêlent
Avec souplesse
Comme des serpents, glissent
Doucement, élégamment
Flexibles, habiles, mobiles
Se faufilent
D'aventure en aventure

Liberté

Trop de pressions, d'injonctions
De questions, d'ambitions
Nous détournent de nos priorités

Liberté de penser, de s'amouracher
Belle route, fin des doutes
Nouveaux projets
Devenir guillerets
S'amuser de ces nouveautés

Liberté endiablée
Rassurée par la douceur
De son humeur
Rassénérée par tant d'ardeurs

Liberté retrouvée
Chahutée par les sentiments
Assez de subir, au fil de l'eau
Faire sa vie, à l'envie
Chanter, composer, vibrer
Affronter le monde entier

Liberté des nouveautés
Nouvelles aventures, nouvelles créations
Nouveau départ
Vivre ici-bas, près de toi

Liberté de penser, liberté d'aimer
De choisir, de guérir
De nos maux
Au fil de la nuit, au fil de la vie
Au fil de l'eau
Écouter à demi
Rêver sans bruit, sans soucis
Autonomie régie

Liberté gagnée
Détendue et apaisée
Par tes baisers
Dynamisée par tes pensées

Liberté de vieillir
Sans subir les désirs imposés
D'une société sans concession
Pardon, sans illusions
Avec compromissions

Liberté, joies de l'été
Bonne humeur
Des saveurs
Retournent le cœur
Fini la pâleur
Place à la clameur et la chaleur
De nos corps ébahis, étourdis

Liberté, joies de l'été idéalisé

L'instant présent

Attendre demain
Au risque
D'éteindre
La passion, l'envie, la vie

Attendre demain
S'empêcher de vivre
Et rater
La bonne occasion
De se faire du bien

Attendre demain
Par prudence
Par convenance
Écarter cette opportunité
De se rassembler

Attendre demain
Patienter sagement
Que tout soit présent
Au bon moment
Sera frustrant, décevant

Patienter sagement
Verra nos tourments
S'exprimer
Nos rancœurs grandir
Nos aigreurs se construire

Vivre le moment présent
Vivons le maintenant
Sans attendre, sans esclandre
À tout prendre
Pour le meilleur

Vivre le moment présent
Savourer la vie
Ravis, épanouis

Machine à café

Machine à café
Objet sensualisé
Impose
Un moment de détente
Aux amoureux non avoués, embarrassés

Machine à café
Le son de l'eau sous pression
Est l'introduction
De nos débats endiablés
Et de nos pauses assumées

Machine à café
Laisse espérer
Des instants sympathiques
Des instants magiques
Parfois pathétiques

Machine à café
Symbole du lien social réamorcé
Et plus si affinités…

Maison endormie

Une maison qui s'endort
Doucement
Sans raison ni pardon
Sans le moindre effort
Comme un abandon
Après tant d'efforts
Livre ses derniers sons
N'en demandons pas encore
C'est la dernière leçon
Le point final
D'une vie entière, derrière

Manche le dimanche

Sur le central
C'est pas banal, jour de finale
Un privilège
Fouler la terre
Sans faire la guerre
Et le parterre
De célébrités
Venues admirer
Et se montrer

Manche le dimanche

Sacs déposés à ses pieds
Canettes cachées
Regards lointains, comme si demain
N'était rien, était lointain
Incertitude des habitudes
De la rue
Poids des années à rêver
De compagnons et d'un cocon
À habiter, à créer

Manche le dimanche

Faire la transat
Sur une frégate, tel un pirate
Franchir les océans, voir plus grand
À l'horizon, une grande victoire
L'heure de gloire ou du désespoir
Une destination, une trajectoire
Barre à tribord, barre à bâbord
Suivre la boussole qui te console
Pour qui s'envole

Manche le dimanche
Toutes ces manches
Font la vie
Avec ou sans bruit

Mausolée

Mausolée pour célébrer
Un amour déchu
Un amour interrompu
Se souvenir
Pour embellir le quotidien
Chaque matin

Mausolée pour méditer
Dessiner ses pensées
En l'absence de l'être aimé
Vieillir
Plonger dans l'abîme
En ressortir grandi
Faire revivre l'histoire

Mausolée pour vibrer
En son absence
Se souvenir de ces « Je t'aime »
Puiser la joie
En pensant à toi
Privé de toi

Mausolée pour se recueillir
Se remémorer le temps passé
À ses côtés
Ces jours illuminés
Des baisers volés
Et ces rires partagés

Mausolée pour rappeler
Tous ces trésors
Hors du décor
Dans l'intimité des nuits ensoleillées
Dans le secret de nos vies cachées

Mausolée pour s'abandonner
Hors du temps, hors des tourments

Moments suspendus

Moments suspendus
Comme des pas perdus
Ondulent, ondulent

Le temps d'un été
Cafés prolongés
Ondulent, ondulent

Un peu de philo
Pour soigner nos maux
Ondulent, ondulent

Un ami pour la vie
À qui l'on se confie
Ondule, ondule

Moments suspendus
Comme un aperçu
Se mettre dans sa bulle

Oublier la pendule
Confier à demi-mot
Effacer nos egos

Moments suspendus
Histoire inattendue

Une libellule
Légère comme un tulle
Bouscule, bouscule

Marquera l'arrêt
D'un temps révolu
D'une quête perdue

Cultiver son jardin,
Respirer son parfum
Vivre un jour sans fin

Monsieur

Mains tailladées
Mains cloutées

Taire la frayeur
Taire la douleur

Comme une ombre se déplacer
Endurer pour durer
S'échiner, déchiré

Pour vivre sans peur
Avec pudeur

Sortir de l'horreur
Sans rancœur

Faire ses adieux
Aux mauvais cieux

Et vous appeler Monsieur

Retrouver l'honneur
Sortir de la noirceur
Faire taire la peur

Sentir la chaleur
La senteur
Des moments joyeux

Retrouver la douceur
Les odeurs, les couleurs
Des jours heureux

Trouver l'apaisement
Loin des tourments
Avec l'éloignement
En guise de calmant

Partez vers d'autres lieux
Savourez l'instant radieux
Enfin heureux

Note dégradée

Les juges ont tranché :
« Pas assez performants, pas assez d'expansion, de progression »

Note dégradée

Humanité effacée
Par cette sentence à peine cachée
Échec inavoué
De l'esprit d'entreprise
De commercialisation de nos vies

Note dégradée

Qui sanctionne ?
On ne sait qui, on ne sait quoi
Qui est le juge ?
Un organisme grassement payé ?
Dont l'objectivité reste à prouver

Société à la dérive
Individualisme et marchandisation
Tensions qui montent…
Toujours plus
Plus de documents pour le changement
Plus de pauvres, plus de riches
Acheter plus, travailler plus
Plus d'activités pour vivre moins
Pour penser moins

Note dégradée

Nos vies soumises à notation
Sans rébellion

Une certitude, entre toi et moi
Notes en progrès

Nuits ensoleillées

Nuits ensoleillées
Prête à rêver
De monde nouveau
Toujours plus beau

Nuits ensoleillées
Prêtes à donner
Des rêves plus doux
Des désirs fous

Nuits ensoleillées
Verra passer
Nos rêves éveillés
Nos désirs inavoués

Nuits ensoleillées
Verra passer
La chaleur de nos cœurs
Éloigner la douleur

Nuits ensoleillées
Viendra conter
Mille histoires animées
Fera briller nos journées

Nuits ensoleillées
Instants parfumés
Des plus beaux éclats
De nos joies

Perchée

Perchée pour se protéger
Mettre à distance
Toutes ces fatuités
Relativiser nos misères
Tout n'est pas cancer

Perchée pour voir s'illuminer
L'avenir, le futur, la nature
Le plus pur

Perchée pour échapper
Aux bla-bla, à la faconde mâtinée
De prétentions, de cette société
L'individualité
Au détriment de l'universalité, la société
L'unité

Perchée pour contempler
Les beautés encore vivantes
D'un monde évanescent
En plein basculement
À croire que le jour du dépassement
Laisse indifférent

Perchée pour voir le monde nouveau
Naître et paraître
Comme le point du jour
Aux couleurs chamarrées
Comme la promesse
De douceurs et chaleur retrouvées
D'amitiés et loyautés réaffirmées
Pour faire société

Perchée pour admirer
Le cheminement de nos enfants
Emplis d'espoir
Avides de savoirs
Pas encore désabusés
Naïfs et spontanés
Prêts à escalader
Les montagnes
De la maturité

Perchée pour voir venir
L'automne de la vie
Quand s'éloigne l'énergie

Petite fleur de lin

Petite fleur de lin
À la note bleu Klein
Égaie mon jardin

Arrivée par inadvertance
Cadeau d'oiseaux en résidence

Petite fleur de lin
À la note bleu Klein
Égaie mon jardin

Contraste avec le laurier, juste à côté
Les framboisiers, l'arbousier
Surplombent tout ce petit monde

Petite fleur de lin
À la note bleu Klein
Égaie mon jardin

Sur cette toile, touche colorée
Tableau équilibré
Société bien organisée

Petite fleur de lin
À la note bleu Klein
Égaie mon jardin

Considérons avec le même entrain
Nos concitoyens
Comme cette fleur de lin
Installée par hasard dans ce jardin

Planète en feu

Feu au Canada
Feu dans nos cœurs
Trop de colères
D'abus, d'individualité
Conduisent au chaos
Dans nos villes si propres, si douces
Rien ne repousse
Ni végétaux ni egos
Destruction, toutes ces batailles
Dans un tourbillon
D'agressivité, malmené

Planète en feu

Verra-t-elle renaître
La beauté de l'être
La chaleur, la douceur
D'une société secrète
Naissante, compatissante

Planète en feu

Pour aller mieux
Trouver l'énergie
De changer nos vies
Trouver l'apaisement
Et le calmant
Loin des tourments

Planète en feu

Faire le vœu
D'aller mieux
Convoquer les dieux
Un avenir lumineux
Oublier les furieux
Se tourner vers les chaleureux
Pas les ambitieux
Chérir les étés pluvieux

Planète en feu

Verra renaître
Un avenir radieux
Au-delà des rageux
Déboussolage
À tous les étages
Des cœurs au climat
Des heurts au choléra
Acteur ou spectateur
Notre choix est là

Planète en feu

Ferons-nous mieux
Que ce triste univers
Où tout va à l'envers
Soyons ambitieux
Pour devenir heureux

Poétisons

Poétisons ensemble
Dès que possible
Ces instants
Nous rassemblent
Sous les toits hypersensibles
Sous ta plume, les mots chantent
Aux accords de l'été
Dans mes pensées

Policé

Sous l'œil vigilant
De sa maman
Petit garçon
Deviendra grand
Gestes et voix policées
Disent long sur la pression exercée
Rien n'est laissé au hasard
Tout est checké du regard
Sauras-tu garder
Cette attitude si guindée
Et te fondre dans cette société
Si métamorphosée ?

L'écart se creuse
Entre jeunes des quartiers et jeunes
policés

Sauront-ils communiquer
S'adapter, se compléter ?
Sérieux défit, ne soyons pas dans le déni
Jeunes des quartiers, jeunes
embourgeoisés
Qui vous mettra au défi
De communiquer, coopérer
Pour reconstruire cette société
fragmentée ?

Grandir sous cloche, dans un cocon
Éloigne des réalités
Que souhaitons-nous pour notre société ?
Des adultes formés
Ou des gamins attardés ?

Grandir trop proche
De la violence, la déshérence
Comme une sacoche
Trop lourde à porter
Manque de confiance
Besoin de prouver
Sans guidance
À la force du poignet

La puissance du collectif
Permet d'atteindre les objectifs
D'humanité partagée
De positivité assumée
Qui pourra vous raccommoder ?

Deux parallèles que l'on veut faire se rencontrer
Trouver ce nouveau paradigme qui saura unifier
Un collectif soudé

Pas une exception mais une attitude, une habitude
Un fondement pour réunir tous ces fragments
Un postulat, pas un débat

Pour faire de toi, pour faire de moi un conglomérat

Refuge

Quel est ton refuge
Pour te mettre à l'abri du déluge
Éviter les juges ?

Mandoline et brasero
Le bon combo
Pour des tourtereaux

Sans peur

Sans peur
Ni douleur
Chercher
À l'accompagner

Sans peur
Ni douleur
Percer le mystère
Derrière l'éphémère

Sans peur
Ni douleur
Avancer
Rassurés, réconfortés

Sans peur
Ni douleur
Commencer
Une éternité

Sans peur
Ni douleur
Souffrir
Et grandir

Sans peur
Ni douleur
Vieillir
Sans dormir

Sans peur
Ni douleur
Retrouver la saveur
Du bonheur

Sans peur
Ni douleur
Graver dans nos cœurs
Le meilleur

Sans peur
Ni douleur
Lever le voile
Sur la plus belle toile

Sans peur
Ni douleur
Écouter nos âmes
Répondre aux étoiles

Sans peur
Ni douleur
Savourer le réveil
De la vie vermeille

Sans peur
Ni douleur
S'aimer pour l'éternité
À tout jamais

Sans peur
Ni douleur
Savourer l'instant présent
Ce joyeux moment

Sans peur
Ni douleur
Renoncer à nos idéaux d'ados
Composer le plus beau des concertos

Secrète

Secrète
Je suis discrète
Sans esprit de conquêtes
Je suis honnête
Rêve
Le cœur en miette
Loin des paillettes
Et des tempêtes
Blottie dans ma cachette
Toujours prête
À jouer au poète
Rêves en tête
Attrapés à l'épuisette
Je découvre toutes les facettes
De ma planète

Où vont mes pensées
Quand je suis distraite ?

Autour des mots c'est toujours la fête
Pas de défaites
Je sors de ma mallette
Un envol d'alouettes
Chargé de mots
Dessine une comète
Toujours prête dans la tête
À de nouvelles conquêtes
C'est la recette

Ces mots si beaux font la navette
Dans ma tête
Moi la muette
J'atteins les crêtes
Et vole la vedette
À toutes ces starlettes
Aux silhouettes obsolètes
Dans cette retraite
Secrète, je reste discrète
Épie les vies
Pour composer
Ces mots choisis

Soleil levant, soleil couchant

Soleil levant, Soleil couchant
Symphonie de couleurs
Tout en douceur
Dans la clameur
Avec saveur, rondeur,

Soleil levant, Soleil couchant
L'envie d'ailleurs
Nous touche au cœur
Calmons nos ardeurs
Avec douceur

Soleil levant, Soleil couchant
Sur mes émois
Avec toi
Tant d'affinités
Nous ont rassemblé

Soleil levant, Soleil couchant
Ce calme apparent
Me détend
Je m'éprends
Je t'attends

Soleil levant, Soleil couchant
Pendant ce temps
Reprend
Le cours du temps
De mes pensées désassemblées

Soleil levant, Soleil couchant
Bousculées
Par autant
D'éléments
Bouleversants
Ravageurs et pleins d'élans

Soleil levant, Soleil couchant
Comme une promesse
De caresses et de tendresse
À tes côtés
Sans animosité

Soleil levant, Soleil couchant
Instant charmant
Étonnant
Chaque jour renouvelé
Recommencé

Soleil levant, Soleil couchant
Instant plaisant
Du rendez-vous
Renouvelé
Avec goût

Sommeil

Le sommeil m'a quittée depuis des années
Il s'en est allé pour laisser place aux rêves éveillés
Aux plus fous des projets
Libre cours à l'imagination et aux simulations
Ferons-nous fortune de toutes ces spéculations ?
Nous voici grandis, un peu enrichis
De toutes ces créations

Le sommeil m'a quittée depuis des années
Pour laisser place à la créativité
Quoi de plus tenace qu'une imagination débridée
Quoi de plus loquace que des rimes animées
Rien ne trépasse, face à cette inventivité
Trouver le Pass de nos vies désarmées

Le sommeil m’a quittée depuis des années
Un jour de pluie dans mon cœur déçu
S’est associé à mes illusions perdues
M’a agacée de ne plus le retrouver
Puis, dépitée, le choix est fait :
Perdue, je ne te cherche plus
Et profite de mon temps gagné, de ce temps inspirant
Parfois grisant
Qui voit naître des diamants

Le sommeil m’a quittée subrepticement
Alors bon vent !

Le sommeil m’a quittée, place aux nuits ensoleillées

Tigre de papier

Tigre de papier
Me fera oublier
La faiblesse des bassesses

Tigre de papier
Une fois démasqué
Va s'écrouler, dévasté

Tigre de papier
Va évoluer
Dans un monde virtuel
Au-delà du réel

Tribunal

Au tribunal
Se mêlent tous les appels
Appels au secours
En dernier recours
Appel devant la cour

Au tribunal
Les pigeons s'en mêlent
Roucoulent sans peine
Toute la semaine

Au tribunal
Se lient des instants de vie
Se côtoient, malgré soi
Toutes les couches de la société
Population bigarrée
Voilées, dévoilées

Au tribunal
Un flux continu
De blessures à panser, à cicatriser
D'espoirs à combler
De réparations espérées

Au tribunal
Allées et venues
Attentes tendues
Espoirs déçus
Verdict tombé
Histoire clôturée

Triste société

Triste société
De tatoués
Pour cacher les fragilités
Pour se distinguer
Flatter sa vanité
Jusqu'à l'excès
À en détruire la beauté

Triste société
Nous pousse à consommer
Toujours plus
Course à l'argent
Pour s'offrir
Des rêves fabriqués, imposés

Triste société
Voit disparaître
Le chant des oiseaux
La fraîcheur de l'eau
La douceur du vent
Fait place aux ouragans
Aux sols craquelés, au silence

Triste société
Nous soumet au numérique
Esclavagiste diabolique
Fait miroiter le meilleur
Comme un antidouleur
Alourdit le quotidien
Laisse sur le chemin
Les plus anciens

Triste société
Solitude dans les palais dorés
Solitude sur les pavés
Orgies et chirurgies pour certains
Pour d'autres, recherche du pain
quotidien
Voyage dans l'espace
Ou voyage intérieur
Pour un peu de bonheur
Arraché au quotidien destructeur

Triste société
Qui cherche à briller, à écraser
Sans chercher à connaître
Qui cherche à juger
Plutôt qu'à aider
Course à la vanité
Qui voit toujours plus grand, loin devant

Triste société
Qui doit liker, juger, évaluer pour exister
Que d'heures perdues
À ce jeu indu
Répondons à l'unisson
À ces injonctions, ces tentations
Par une douce insurrection
Infléchir notre avenir
Nous pourrons dire :
Société métamorphosée
Bonheur et empathie retrouvés

Trouver les mots

Trouver les mots
Comme un cadeau
Pour dire la gêne
Pour dire l'aubaine

Trouver des mots
Pas trop mélo
Dire la caresse
Et la tendresse

Trouver les mots
Donner le tempo
Pour dire la joie
Pour dire l'émoi

Soigner nos maux
Rapprocher nos egos
Toucher sa peau
Et Crescendo…

Je cherche ces mots
Comme un fardeau
Voire la noblesse
De notre faiblesse

Je cherche ces mots
Mis en sommeil
Comme un Soleil
Que je réveille

Penser solo
Vibrer duo
Près du cours d'eau
Du brasero

Je trouve ces mots
Comme les pinceaux
Dessinent la toile
Mettre les voiles…

Je trouve ces mots
Comme des héros
Qui s'émerveillent
Du bleu du ciel

Je trouve ce mot
Un peu nouveau…
Comme un oiseau
Perché là-haut…

Je trouve LE mot qui nous va bien,
Nous emmène loin
Plutôt qu'un mot,
Une simple lettre
La lettre M

Une journée de petits riens

Une journée de petits riens
Ces petits riens qui font tout

Plaisirs de la vie
En pharmacie ?
Non merci !
Rire à l'envie oui !!

Une journée de petits riens
Ces petits riens qui font tout

Par ici le bonheur
Et la bonne humeur
Bye bye le malheur
Place aux cœurs de nos âmes sœurs

Une journée de petits riens
Ces petits riens qui font tout

Des baisers sur ta joue
Pendue à ton cou
Des caresses sur tes joues
Perdue dans ton cou

Une journée de petits riens
Ces petits riens qui font tout

Des oiseaux se chamaillent
Les abeilles ripaillent
Avant que l'été s'en aille
Comme un feu de paille

Une journée de petits riens
Ces petits riens qui font tout

Une vie de fourmi

Une vie de fourmi
Construit petit à petit

À pas serrés
Rapides, intrépides
Par monts et par vaux
Du soir au matin
Fait son chemin

Fourmi passe inaperçue
Mais bâtit son vécu
En secret, dans l'ombre

Une histoire
Que personne ne peut voir, ni croire
L'infra ordinaire
Mis en lumière

Une vie de fourmi
Tout petit, réduit à demi
Une vie de fourmi suffit
À composer la mélodie
De nos vies à l'infini
Sans déni, avec envie
Dans la nuit

Son génie agit avec minutie

Vagues à l'âme

Nos vagues à l'âme
Nos vagues de charme
Sont des alarmes
Avis de tempête, de grande marée
Sur mes pensées, sur tes doigtés

Nos vagues à l'âme
Restent à l'étal
Pour plus de charme
Et de douceur
Loin des torpeurs
La houle se calme
Plus aucun drame

Nos vagues à l'âme
Nos vagues de charme
Me donnent envie et me séduit
Tu es conquis, je suis ravie
Ces bons moments
Vivront longtemps

Que l’amour plane
Ce supplément d’âme
Suivra nos nuits
Tu éblouis

Nos vagues à l’âme
Comme une lame
Qui vient du fond
Pas de drame
Un simple don
L’amour se pâme
En mille saisons

VG

Oreille tranchée
Crinière rousse agitée
Touches de couleurs frénétiques
Pour un résultat hypnotique

Qui suis-je ?

Table des matières

Imprimé en Allemagne
Achevé d'imprimer en janvier 2024
Dépôt légal : janvier 2024

Pour

Le Lys Bleu Éditions
40, rue du Louvre
75001 Paris

www.ingramcontent.com/pod-product-compliance
Lightning Source LLC
Chambersburg PA
CBHW062343010826
49168CB00024B/244

* 9 7 9 1 0 4 2 2 1 9 3 3 8 *